W0204271

Willkommen bei Elisa

Zauberhafte Kreuzstichmuster

von acufactum

Und was ich endlich einmal sagen möchte:

„Du bist da! das spüre ich."

Ich danke Gott für das, was er mir geschenkt hat und was ich erarbeiten durfte. acufactum lebt durch die Menschen, die mir helfen, die mir mit viel Liebe zur Seite stehen und mir ans Herz gewachsen sind. Mein großer Dank gilt meinem Mann A. Hermann, meiner Tochter Meike, meinem Sohn Arndt mit Judith, meinem kleinen Enkelsohn Justus, der uns soviel Freude macht und dessen fröhliches Lächeln unsere neue Gedichtkarte schmückt, meinen lieben Eltern, meiner Schwester Annette, meiner Nichte Ulrike, meiner Schwägerin Marga, sowie all meinen Lieben Christa Heese, Christa Schulte, Christine Köhnert, Heike Rohner, Regina Irlenborn, Birgit Breuer-Bals, Ulrike Schümann, Heike rzyzanowski, Heidemarie Arndt, Monika Lenninghaus, Hannelore Schippany, Brigitte Niemeyer, Sigrid Immelt, Katrin Runte und Sabrina Casarini. Danke auch Ihnen, liebe acufactum-Freunde, für die vielen guten Worte. Die Freude darüber ist groß und ermuntert mich so weiterzumachen.

Gottes Segen für uns alle.
Ute Menze

Impressum:
. Auflage 2002 • Herausgeberin: Ute Menze • acufactum - Ute Menze - Buchenstraße 11 - 58640 Iserlohn-Hennen • Tel.: 0 23 04/53 49 • Fax: 0 23 04/54 53 • E-mail: ute.menze@acufactum.de • Fotografie, Gestaltung, Satz: acufactum, Iserlohn • Druck: WIGRA, Iserlohn •

Ich gehe nur wenige Schritte, und schon bin ich da.
Hier wohnt Elisa. Das Haus, in hellem Gelb gestrichen, wirkt freundlich und einladend. Der Zaun ist mit Kränzen dekoriert, und am Gartentor hängt ein Willkommenskranz. Ich fühle mich sofort wohl und freue mich auf einen gemütlichen Adventsnachmittag mit Elisa. Bei ihr erlebe ich Advent immer als etwas ganz Besonderes. In dieser Zeit ist Elisas Haus ein Ort der Begegnung für Familie und Freunde. Alle kommen gerne und genießen die guten Gespräche in warmer, herzlicher Atmosphäre.
Da steht sie schon in der Tür und winkt mich lachend zu sich herein. Ich öffne das Gartentor....

Willkommen bei Elisa

Willkommen

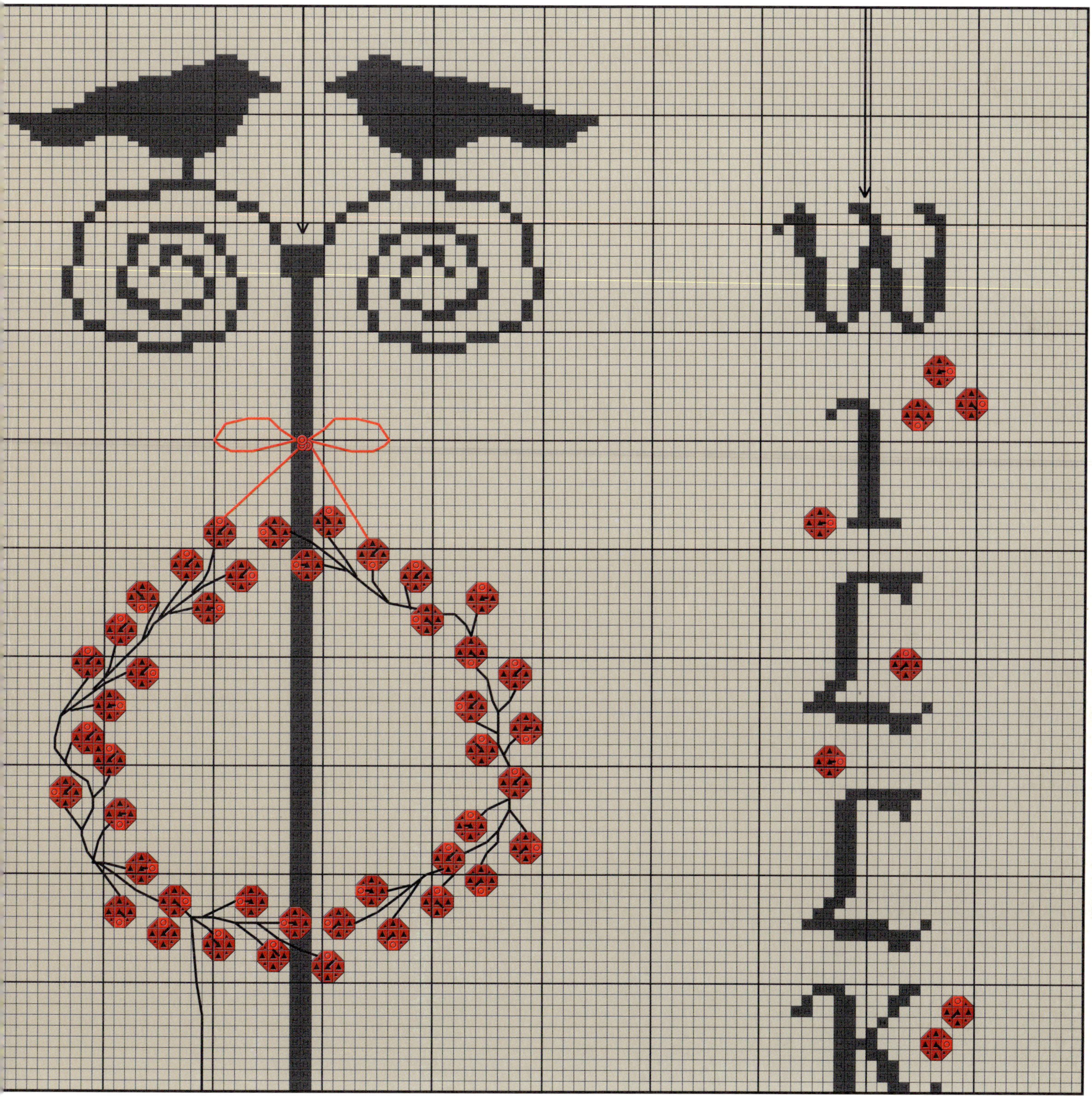

"Willkommen"

Gestickt wird mit HF- Blumengarn / Anchor Sticktwist
Stitched with Danish flowerthread/ 6 stranded anchor cotton
Größe je/ size each / ca. 60 x 200 Kreuze/ cross stitches

240/ 403	Steppstich/backstitch		411/ 20
	97/ 46		147/ 1041

Knötchen/ french knots

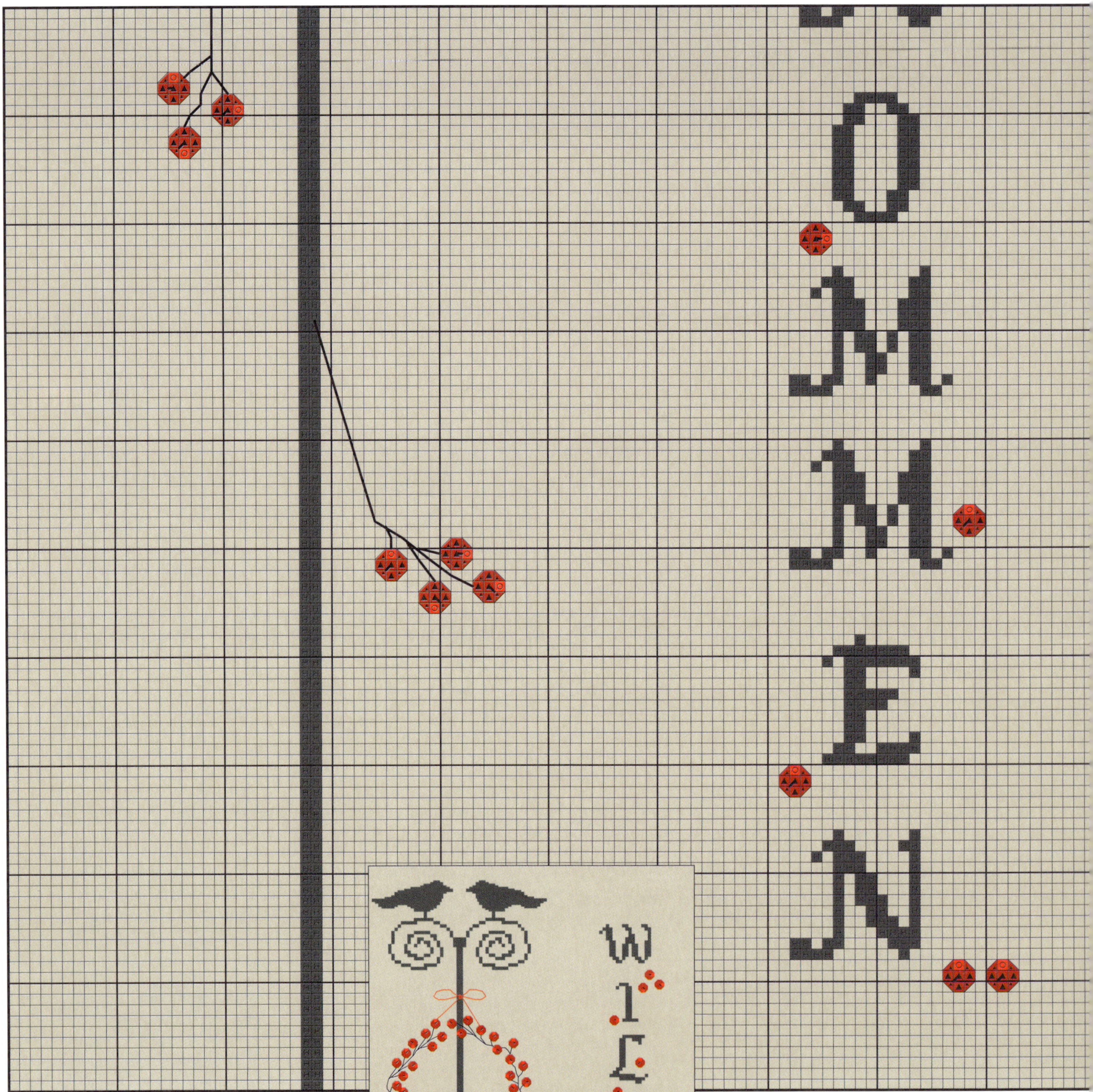
OMMEN

WILLKOMMEN

Herzlich Willkommen

Auf dem Weg zur Haustür sehe ich
Elisas wunderbare Fensterdekorationen.
Einladend, nicht wahr?

Schleife "Willkommen"

Material:
- 2,10 m Leinenband, ungebleicht, 20 cm breit
Best.-Nr. 901-200
- 2,10 x 0,25 m Kelsch-Halbleinen rot-natur kariert
Best.-Nr. 329-102
Das gestickte Band wird mit Kelsch-Halbleinen hinterlegt und nach vorne 2,5 cm eingefasst.
Die Spitze wird laut Abbildung auf Seite 4 nach vorne umgenäht.

Ribbon "Willkommen"

Materials:
- 2,10 m nature linen band, 20 cm broad, order-no. 901-200
- 2,10 x 0,25 m Kelsch half-linen red-nature chequered, order-no. 329-102
The embroidered band is fixed on and bordered with Kelsch half-linen.
(appr. 2,5 cm on the front side). The tip is sewn as you can see on the picture on page 4.

Mit einem leckeren Apfel-Zimt-Tee, der wunderbar in die kalte Jahreszeit passt und sein Aroma im ganzen Haus verströmt, setzen wir uns in Elisas behagliches Wohnzimmer. Wir unterhalten uns über die

kleinen Ruhepausen, die im Leben so wichtig sind: Einfach mal die Seele baumeln lassen, aus dem Alltagsgeschehen heraustreten und sich etwas Gutes tun...

Apfel-Zimt-Kranz

"Apfel-Zimt-Kranz"

Gestickt wird mit HF- Blumengarn / Anchor Sticktwist
Stitched with Danish flowerthread/ 6 stranded anchor cotton
Größe/ size: ca. 95 x 80 Kreuze/ cross stitches

10/ 266	216/ 359	240/ 403	500/ 9046
210/ 246	400/ 47	250/ 376	97/ 46
238/ 212	251/ 905	213/ 369	

Auch die Kleinsten finden in Elisas Garten immer genug für ein Picknick unter Freunden.

Apfel-Zimt-Kranz

Kissen "Apfel-Zimt-Kranz"

Angaben in cm
Die Rückplatte des Kissens ist mit grün kariertem Kelsch genäht.
Das Kissen hat eine Größe von ca. 40 x 40 cm, zuzüglich einem 3 cm breiten Steg.
Material:
- 0,55 m Kelsch- Halbleinen, grün-kariert, Best.-Nr. 329-103
- 0,25 m Kelsch- Halbleinen, grün-gestreift, Best.-Nr. 329-104
- 0,25 x 0,25 m 12-fädiges, ungebleichtes Leinen

Cushion "Apfel-Zimt-Kranz"

All measures in cm
The back side of the cushion is made of green chequered Kelsch.
The cushion's size is 40 x 40 cm with an additional 3 cm broad brim.
Materials:
- 0,55 m Kelsch half-linen, green-chequered, order-no. 329-103
- 0,25 m Kelsch half-linen, green striped, order-no. 329-104
- 0,25 x 0,25 m 12 count nature linen

Bild "Apfel-Zimt-Kranz"

Größe der Stickerei: ca. 16,5 x 14 cm
Gerahmte Größe: ca. 39 x 37 cm
Material:
- 0,35 x 0,35 m 12-fädiges, ungebleichtes Leinen
Rahmen und Passepartout Best.-Nr. 968-105

Picture "Apfel-Zimt-Kranz"

Size of the embroidery: appr. 16,5 x 14 cm
Size with frame: appr. 39 x 37 cm
Materials:
- 0,35 x 0,35 m 12 count nature linen
Frame with passepartout order-no. 968-105

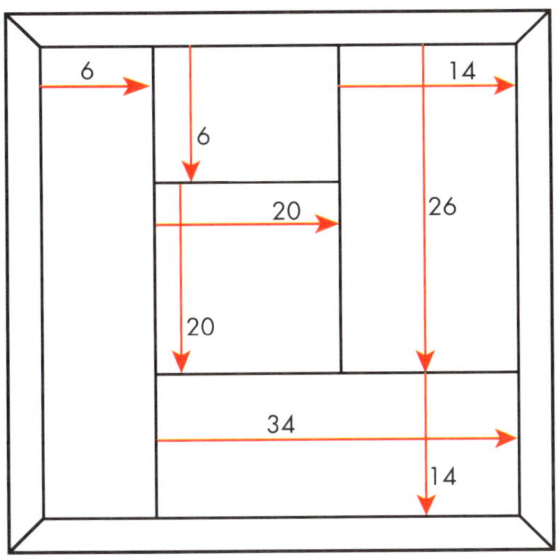

Der erste Frost legt sich über Bäume und Sträucher. Elisa schaut versonnen aus dem Fenster und denkt nach. Sie hat Grund genug, sich über das Schöne und Gute in ihrem Leben zu freuen. Diese Freude spiegelt sich in ihren Dekorationen wider.

Hagebutten-Herz

"Hagebutten-Herz"

Material:
0,90 m Leinenband, 34 cm breit, ungebleicht
Best.-Nr. 901-340

Das Band wird unten zur Spitze genäht und oben gesäumt.
Dekoration
Best.-Nr. 14069

"Hagebutten-Herz"

Materials:
0,90 m linen band, 34 cm broad, nature, order-no. 901-340

The band has a tip on the down end and a simple seam on the top end.
order-no. for the decoration: 14069

"Hagebutten-Herz / Elisas Herzdecke"

Gestickt wird mit
HF- Blumengarn /
Anchor Sticktwist

Stitched with Danish
flowerthread/
6 stranded anchor cotton

Größe/ size:
ca. 160 x 170 Kreuze/
cross stitches

- 400/ 47
- 210/ 246
- 411/ 20
- 32/ 401
- 147/ 1041

"Elisas Herz-Decke"

Material:
- 1,00 x 1,00 m Kelsch-Leinen
Best.-Nr. 329-107
Fertigmaß ca.
0,80 x 0,80 m
Die Decke hat einen
5 cm breiten Saum mit
Briefecken.
Material Unterdecke:
- Kelsch-Leinen 1,50 m
breit, Größe nach Wunsch
Best.-Nr. 329-107

"Elisas Herz-Decke"

Materials:
- 1,00 m x 1,00 m Kelsch half-linen
order-no. 329-107
Size of the finished cloth:
appr. 0,80 x 0,80 m
The cloth has a 5 cm
broad seam.
Materials for tablecloth
underneath:
- Kelsch half-linen,
1,50 m broad, adapt size
to your needs
order-no. 329-107

Elisas Herz-Decke

Der Tisch ist gedeckt. Elisa hat ihren schönsten Läufer ausgesucht. Mit seinen gestickten Tannenzweigen, Äpfeln, Nüssen und Zimtstangen sieht er wirklich wunderschön aus. Welche Gedanken und Gefühle hat sie wohl mit eingestickt?

Hmm, was duftet denn da so unwiderstehlich?

Elisa hat Bratäpfel gebacken und kommt mit der noch dampfenden Form aus der Küche. Es ist herrlich, hier mit ihr zu sitzen. Ich freue mich über die vielen kleinen Aufmerksamkeiten, die sie für mich vorbereitet hat.

Auch das Rezept hat sie mir schon abgeschrieben:

Elisas Weihnachts-Bratäpfel für 4 Personen:

- 4 große Äpfel (z.B. Boskop oder Jonathan))
- 4 EL gehackte Mandeln
- 4 EL Rosinen
- 1/4 TL Zimt gemahlen
- 4 EL Butter
- 4 EL Orangenmarmelade

Von den Äpfeln unterhalb des Stiels einen Deckel abschneiden, sorgfältig das Kerngehäuse entfernen und die Äpfel dabei leicht aushöhlen. Die Äpfel in eine gebutterte Auflaufform setzen. Mandeln, Rosinen, Zimt und Orangenmarmelade vermischen, in die Äpfel füllen und obenauf Butterflocken geben. Die Deckel aufsetzen und ebenfalls Butterflocken darübergeben.
Die Weihnachtsäpfel bei 200 Grad für ca. 25-30 Minuten in den Ofen schieben. Mit einer sahnigen Vanillesoße serviert, schmecken sie nochmal so gut!

Guten Appetit

Apfel-Zimt-Läufer

Muster fortlaufend von unten nach oben ansetzen.

Stitch the pattern ongoing from bottom to top.

"Apfel-Zimt-Decke / Läufer"

Gestickt wird mit HF- Blumengarn / Anchor Sticktwist
Stitched with Danish flowerthread/ 6 stranded anchor cotton
Größe/ size: ca. 525 x 70 Kreuze/ cross stitches

10/ 266	250/ 367	500/ 9046	240/ 403
210/ 246	400/ 47	97/ 46	
238/ 212 (2 x Decke/ tablecloth)	216/ 359	213/ 369 (2 x Decke/ tablecloth)	

Apfel-Zimt-Decke

"Apfel-Zimt-Läufer"

Material:
- 1,50 m Leinenband, 20 cm breit, ungebleicht Best.-Nr. 901-200

Material für die Unterdecke:
- 0,60 x 2,30 m Kelsch-Halbleinen, rot kariert, Best.-Nr. 329-102

Fertigmaß: ca. 0,40 x 2,10 m. Die Unterdecke hat einen 5 cm breiten Saum mit Briefecken. Die Wandbordüre (Abb. S.2+3) wird nach individuellen Maßen angefertigt.

Table rug "Apfel-Zimt-Läufer"

Materials:
- 1,50 m linen band, 20 cm broad, nature order-no. 901-200

Materials for the band to be put under the real band:
- 0,60 x 2,30 m Kelsch half-linen, red chequered, order-no. 329-102

Size of the finished band: appr. 0,40 x 2,10 m. The band has a 5 cm broad seam. Adapt the size of the wall border (on page 2+3) to your needs.

Jedes Jahr aufs Neue bekommt Elisa Besuch von dem kleinen Igel. Sie hat Laub und altes Holz nicht in den Abfall geworfen, sondern daraus ein einfaches Winterquartier für ihren stacheligen Freund gebaut. Bei Elisa fühlen sich Mensch und Tier wohl.

"Apfel-Zimt-Decke"

Material:
- 1,00 x 1,50 m 10-fädiges, ungebleichtes Leinen

Fertigmaß: ca. 0,80 x 1,30 m. Die Decke hat einen 5 cm breiten Saum mit Briefecken.

Material Unterdecke:
- 2,10 x 1,50 m Kelsch-Halbleinen, grün kariert Best.-Nr. 329-103

Fertigmaß: ca. 1,30 x 1,90 m. Die Decke hat einen 5 cm breiten Saum mit Briefecken.

Tablecloth "Apfel-Zimt-Decke"

Materials:
- 1,00 x 1,50 m 10 count nature linen

Size of the finished tablecloth: appr. 0,80 x 1,30 m. The seam is 5 cm broad.

Materials for tablecloth underneath:
- 2,10 x 1,50 m Kelsch half-linen, green chequered, order-no. 329-103

Size of the finished cloth: appr. 1,30 x 1,90 m. The cloth has a 5 cm broad seam.

Gartenidylle

"Gartenidylle"

Gestickt wird mit
HF- Blumengarn /
Anchor Sticktwist
Stitched with Danish
flowerthread/
6 stranded anchor cotton

Größe/ size:
ca. 60 x 90 Kreuze/
cross stitches

■	210/ 246
■	10/ 266
■	238/ 212
■	215/ 904
■	251/ 905
U U	213/ 369
■	147/ 1041
¦ ¦	16/ 301
H H	33/ 1031
Z Z	97/ 46
■	500/ 9046
< <	400/ 47
■	20/ 235
■	32/ 401
■	240/ 403

Bild "Gartenidylle"

Größe der Stickerei: ca. 11 x 16 cm
Gerahmte Größe: ca. 34 x 37 cm
Material:
- ca. 0,30 x 0,35 m 12-fädiges, ungebleichtes Leinen

Rahmen und Passepartout Best.-Nr. 968-104

Picture "Gartenidylle"

Size of the embroidery: appr. 11 x 16 cm
Size with frame: appr. 34 x 37 cm
Materials:
- appr. 0,30 x 0,35 m 12 count nature linen

Frame with passepartout order-no. 968-104

Elisa blickt zum Weidenkorb neben dem Küchentisch, der bis zum Rand mit Äpfeln gefüllt ist. Für Elisa ist der Apfel ein Symbol der Gastlichkeit. Bei ihr zuhause, erinnert sie sich, stand immer eine Schüssel voller Äpfel auf dem Tisch, und jeder durfte zugreifen. Sie erzählt mir von ihren Kindertagen und schwärmt von dem Apfel-Zimt-Kuchen ihrer Großmutter, den sie so gerne gegessen hat:

Großmutters Apfel-Zimt Kuchen

- 200g Butter
- 250g Zucker
- 1 Pk. Vanillezucker
- 3 Eier
- 275g Mehl
- 2 EL Backpulver
- 6 mittelgroße Äpfel
- 3 TL Zimt
- etwas Milch

125g weiche Butter mit 150g Zucker und Vanillezucker schaumig rühren. Nach und nach die Eier unterschlagen.

Mehl mit Backpulver vermischen über die Masse sieben und unterrühren. Soviel Milch zugeben, bis der Teig schwer reißend vom Löffel fällt. Eine Springform mit Butter einfetten und den Teig in die Form geben. Die Äpfel waschen, schälen, vierteln und entkernen. Die Apfelviertel von außen der Länge nach mehrfach einschneiden und mit der eingeschnittenen Seite nach oben in den Teig drücken. Zucker mit Zimt mischen, die Hälfte auf den Kuchen streuen. Die Hälfte der Butter in Flocken auf den Kuchen geben. Backofen auf 200 Grad vorheizen und den Kuchen auf der zweiten Schiene von unten 35-40 Minuten backen. Fertigen Kuchen mit der restlichen Zimt-Zucker-Mischung bestreuen und die restliche Butter in Flocken darüber geben. Noch warm servieren.

Apfelkorb

Bild "Apfelkorb"

Gestickt wird mit HF- Blumengarn / Anchor Sticktwist
Stitched with Danish flowerthread/ 6 stranded anchor cotton
Größe/ size: ca. 150 x 100 Kreuze/ cross stitches

10/ 266	251/ 905	218/ 956	240/ 403	97/ 46
210/ 246	400/ 47	213/ 369	147/ 1041	
238/ 212	216/ 359	250/ 367	500/ 9046	

Bild "Apfelkorb"

Größe der Stickerei ca.: 26 x 16 cm
Gerahmte Größe ca.: 50 x 43 cm
Material:
ca. 0,45 x 0,35 m 12-fädiges, ungebleichtes Leinen
Rahmen und Passepartout Best.-Nr. 968-102

Picture "Apfelkorb"

Size of the embroidery: appr. 26 x 16 cm
Size with frame: appr. 50 x 43 cm
Materials:
appr. 0,45 x 0,35 m 12 count nature linen
Frame and passepartout order-no. 968-102

Hagebutten-Reigen

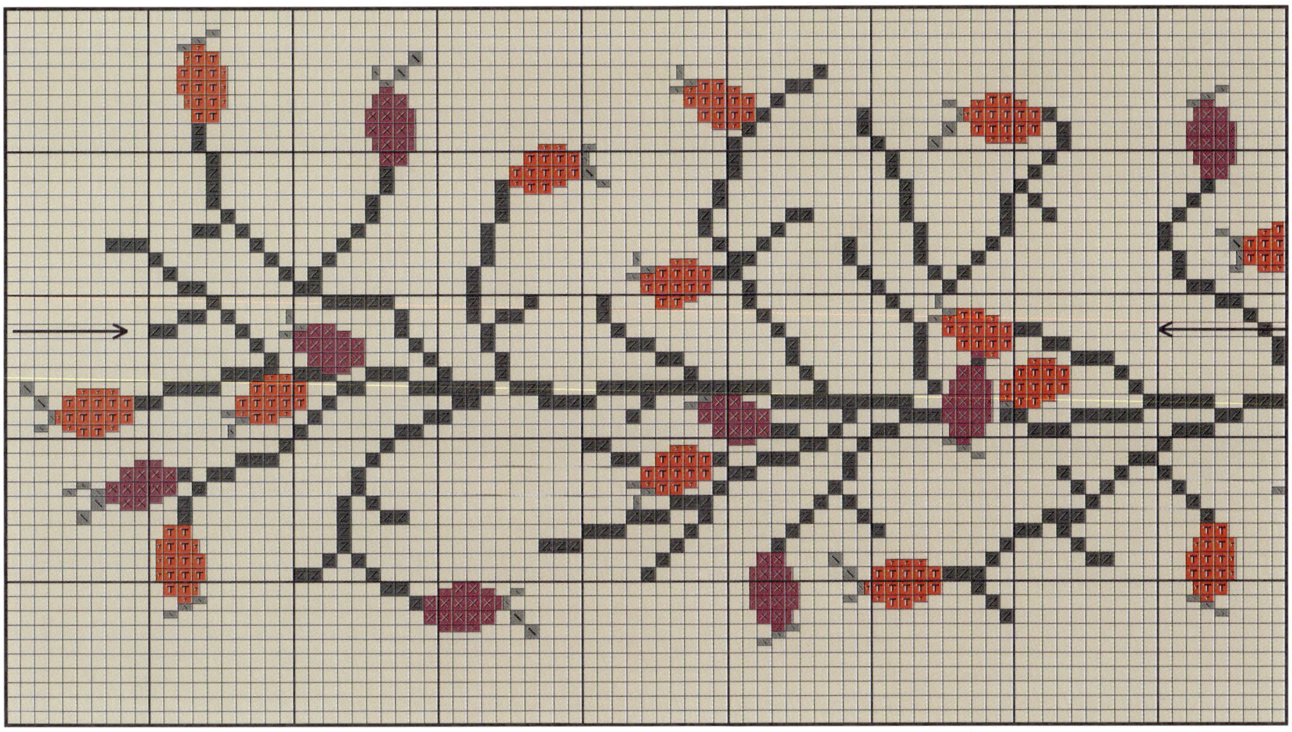

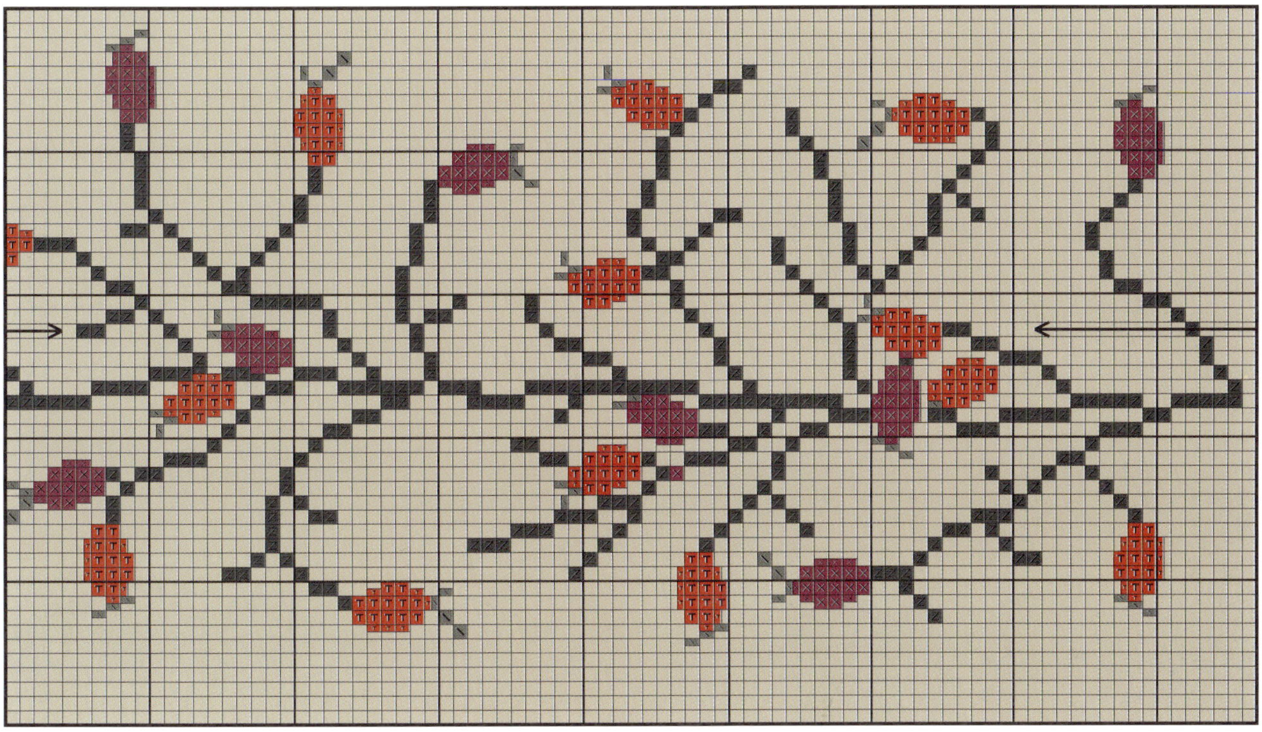

"Hagebutten-Reigen"

Gestickt wird mit HF- Blumengarn / Anchor Sticktwist
Stitched with Danish flowerthread/ 6 stranded anchor cotton
Größe/ size: ca. 360 x 50 Kreuze/ cross stitches

▪	411/ 20	▪	147/ 1041
▪	400/ 47	▪	32/ 401

Motiv zweimal sticken/
Stitch the motiv two times

Lampe "Hagebutten-Reigen"

Material: 2 x 0,95 m Leinenband, 10 cm breit, ungebleicht, Best.-Nr. 901-100
Das gestickte Leinenband wird doppelt genommen und mit Klettband versehen und um den Lampenschirm gespannt. Lampenschirm Best.-Nr. 600-114.

Lamp "Hagebutten-Reigen"

Materials: 2 x 0,95 m linenband, 10 cm broad, nature, order-no. 901-100
Fix the unembroidered linen band on the back side of the embroidered linen band, fasten the fixing tape to it and put it round the lamp. Order-no. for the lampshade 600-114.

Frisch an´s Werk! Elisa denkt auch an ihre kleinen geflügelten Freunde im Garten. Besonders hat es ihr die Amselfamilie angetan, die dort ihr Nest gebaut hat. Sie hat bei Elisa ein Zuhause gefunden. Man hat sich aneinander gewöhnt, und Elisa sorgt in der kalten Jahreszeit für diese munteren Gesellen.

Ich schaue Elisa bei der Zubereitung der Winternahrung über die Schulter, und fröhlich erzählt sie, wie sehr sie sich schon freut, den Amselvater im Frühling wieder singen zu hören.

Für Elisa bedeutet Weihnachten Geborgenheit – und zwar für Mensch und Tier. Sie lächelt und denkt an die Geburt Jesu im Stall von Bethlehem zwischen Ochs und Esel. Dann nimmt sie das Winterfutter und geht in den Garten...

Amselweihnacht

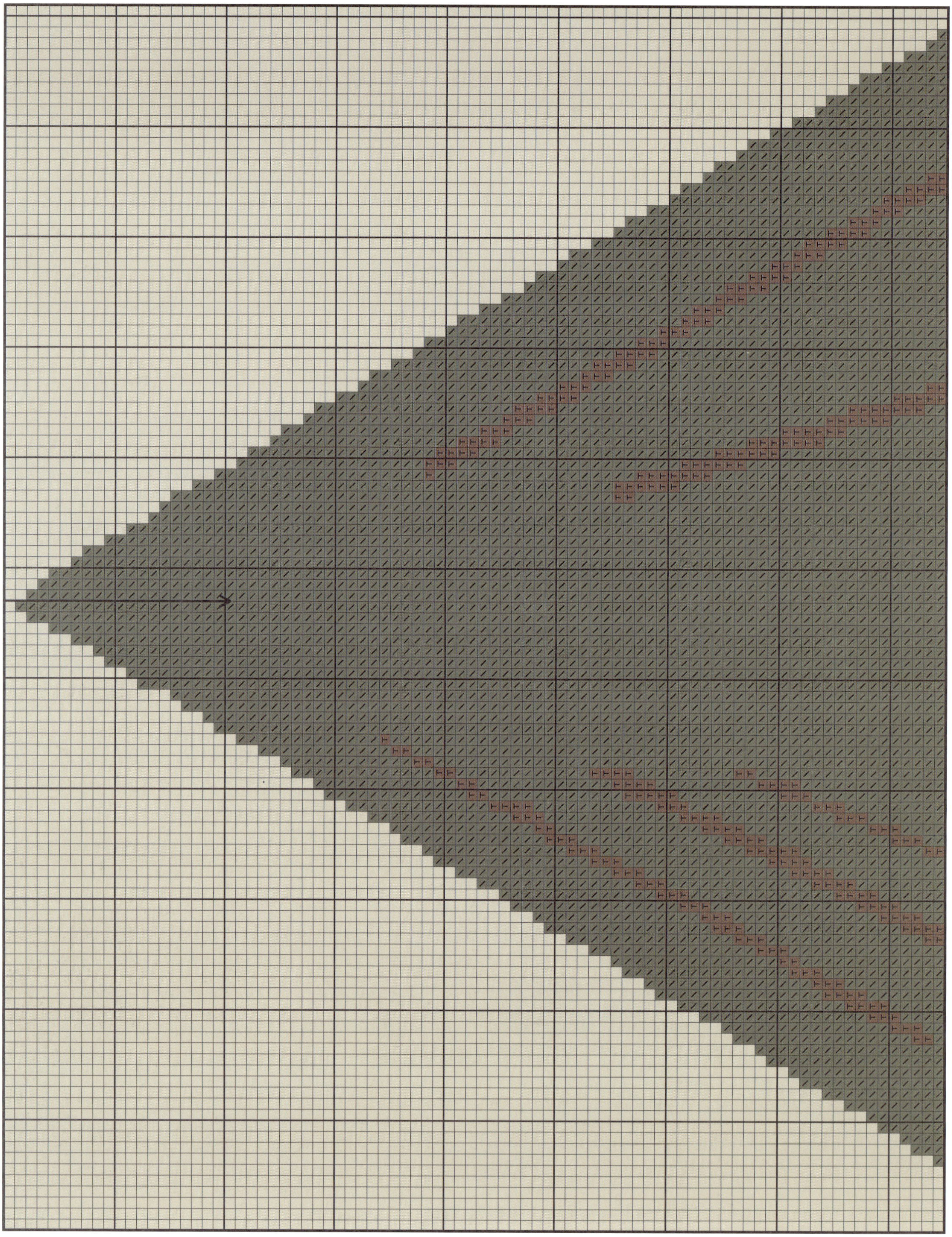

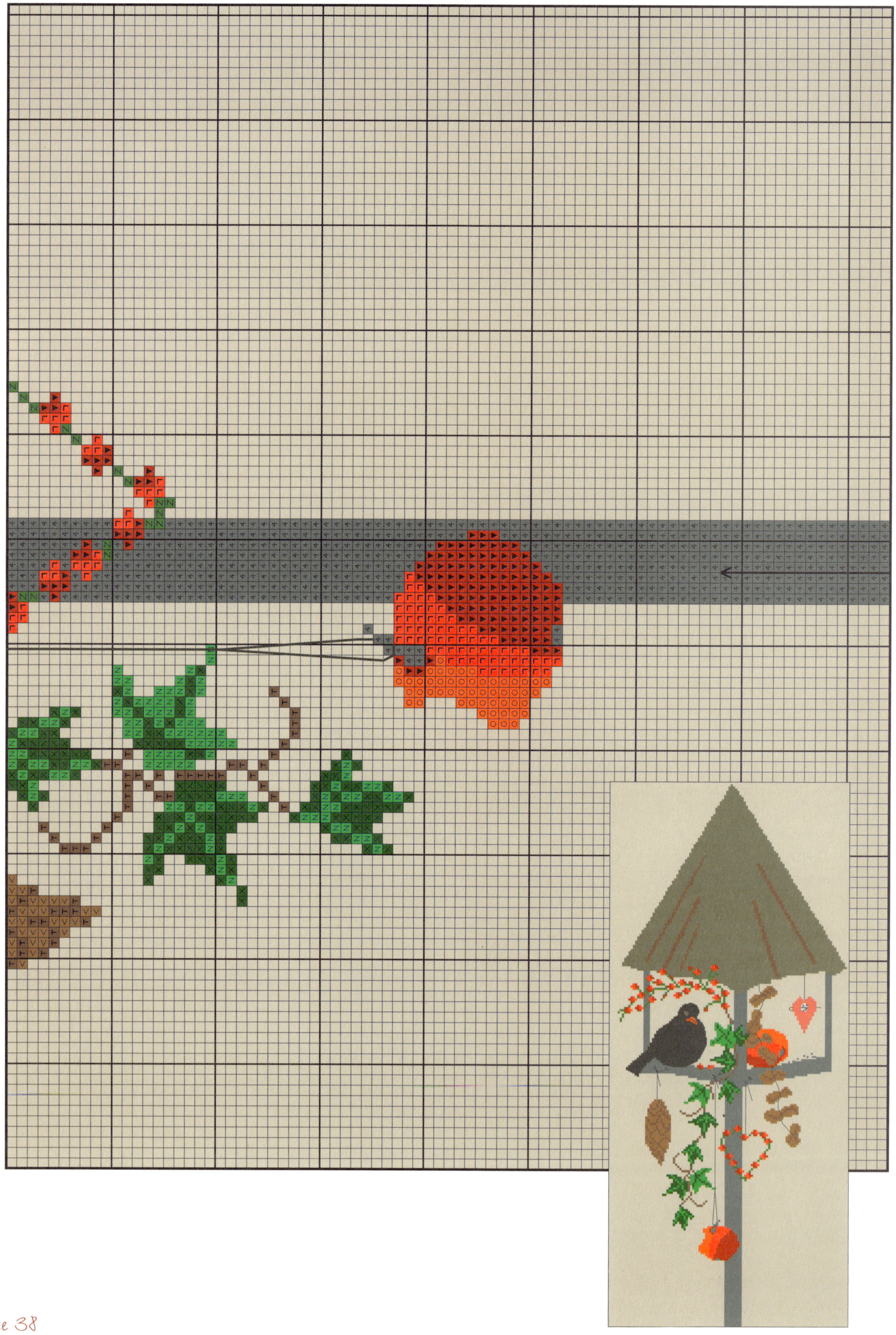

Amselweihnacht

Bild "Amselweihnacht"

Größe der Stickerei ca.: 18,5 x 42,5 cm
Gerahmte Größe ca.: 37 x 57 cm
Material: ca.
- 0,40 x 0,60 m 12-fädiges, ungebleichtes Leinen
Rahmen Best.-Nr. 968-106

Picture "Amselweihnacht"

Size of the embroidery: appr. 18,5 x 42,5 cm
Size with frame: appr. 37 x 57 cm
Materials:
- appr. 0,40 x 0,60 m 12 count nature linen
Frame order-no. 968-106

"Amselweihnacht"

Gestickt wird mit HF- Blumengarn / Anchor Sticktwist
Stitched with Danish flowerthread/ 6 stranded anchor cotton
Größe/ size: ca. 110 x 250 Kreuze/ cross stitches

206/ 846	97/ 46	210/ 246	95/ 338	500/ 9046
215/ 904	400/ 47	100/ 262	303/ 234	20/ 235
6/ 907	147/ 1041 (2x)	222/ 392 (3x)	240/ 403	Knötchen/ french knots

Steppstich, Auge Vogel: HF 6/907 / Backstitch: Eye of bird in HF 6/907

Laternenidylle

Laternenidylle

Bild "Laternenidylle"

Größe der Stickerei: ca. 31 x 22,5 cm. Gerahmte Größe: ca. 54 x 43 cm
Material: ca. 0,40 x 0,50 m 12-fädiges, ungebleichtes Leinen
Rahmen und Passepartout Best.-Nr. 968-103

Picture "Laternenidylle"

Size of the embroidery: 31 x 22,5 cm. Size with frame: appr. 54 x 43 cm
Materials: appr. 0,40 x 0,50 m 12 count nature linen
Frame and passepartout order-no. 968-103

"Laternenidylle"

Gestickt wird mit HF- Blumengarn/ Anchor Sticktwist
Stitched with Danish flowerthread/ 6 stranded anchor cotton
Größe/ size: ca. 180 x 135 Kreuze/ cross stitches

- 210/ 246
- 10/ 266
- 238/ 212
- 100/ 262
- 16/ 301
- 0/ 926
- 33/ 1031
- 20/ 235
- 240/ 403
- 215/ 904
- 251/ 905
- 213/ 369
- 147/ 1041
- 97/ 46
- 500/ 9046
- 400/ 47
- 32/ 401

Der Garten und seine Bewohner sind für die kalte Jahreszeit versorgt, und Elisa hat nun Zeit für sich selbst. Sie erfreut sich an ihrer schönen Umgebung: wie wunderbar doch alles geschaffen ist!
Sie liebt die Winterzeit, freut sich aber auch schon auf den Frühling, wenn alles wieder zu wachsen beginnt, die Natur auf-atmet und neu entdeckt werden möchte.
Elisa hat schon viele Ideen für neue Gestal-tungen. Und ich lasse mich gerne von ihr überraschen...

Ein paar allgemeine Tipps zum Sticken:

Überwiegend wird im Kreuzstich gearbeitet; Sie sticken zunächst diagonal über 2 Fäden nach rechts und 2 Fäden nach oben. Das ist der Unterstich des Kreuzstiches. Anschließend wird darüber ein Stich in der anderen Diagonalrichtung ebenfalls über 2 Fäden gestickt. Ein farbiges Quadrat im Muster entspricht also 2 Gewebefäden in der Höhe und 2 in der Breite.

Der Steppstich, mit dem Konturen betont werden, wird ebenfalls über 2 Fäden gestickt und ergibt eine Linie. Die Sticknadel sollte zum Sticken keine Spitze haben, Sie zerstechen sonst zu leicht einen Gewebefaden. Wir sticken mit der Stärke 24 oder 26.

Wir sticken mit HF-Blumengarn und mit Sticktwist von Coats Mez Anchor. Auf Seite 43 finden Sie eine Garnumsetzung für Oehlenschläger und V+H Blumengarn. Die Leinenbänder kommen von der Bandweberei Vaupel & Heilenbeck.
Das Blumengarn wird einfädig verarbeitet. Der 6-fädige Sticktwist wird geteilt und man stickt nur mit 2 Fäden. In der Regel wird auf 12-fädigem Leinen gestickt, hierbei ergeben 6 Kreuze 1 Zentimeter. Darauf beziehen sich auch die Größenangaben.

Kinder sollten für die ersten Stickversuche Aidastoff wählen, weil hier die Gewebestruktur leichter zu erkennen ist.

Um Konturen etwas "runder" zu gestalten, arbeiten wir zum Teil mit Halben, Viertel- oder Dreiviertelstichen.

Eine Bemerkung noch zu den Farben:
Wir verstehen unsere Farbangaben als Vorschlag. Sollten Sie eine Farbumstellung vornehmen, schauen Sie sich vor Beginn der Arbeit alle Farben erst zusammen an.

Some general hints on embroidery:

Most of the stitches are cross stitches. First you do a diagonal stitch over 2 threads of material to the right and 2 threads of material up. That is the first part of the stitch. After that make another diagonal stitch in the other direction right over the first one. Thus every coloured square in the patterns corresponds to one cross stitch covering two threads wide and high.

The backstitch used to outline figures, is worked over two threads as well, resulting in a line. We suggest using needles (size 24 or 26) with blunt points in order not to damage the fabric.

We use HF-cotton-flowerthread or Oehlenschläger or 6 strand Anchor cotton of Coats Mez. On page 43 you find a table of corresponding colour numbers. The linen bands are made by Vaupel & Heilenbeck.
Normally we use a single thread of flowerthread and 2 threads of the 6 strand cotton for stitching. When stitching on 12 count fabric, 6 cross stitches will add up to one centimeter. This is to what the sizes refer to.

Give Aida fabric to children doing their first embroidery work. It is much easier to count.

Sometimes we use half stitches, 3/4 stitches, 1/4 stitches to make figures smoother.

The colours used by us are intended as suggestions only. Should you wish to use other colours, we recommend that you look at all your shades simultaneously and make your decision before starting the embroidery work.

1/1 Kreuz/cross

1/2 Kreuz/cross

1/2 bzw.
3/4 Kreuz/cross

1/4 Kreuz/cross

Steppstich / Backstitch

Der Knötchenstich/french knots

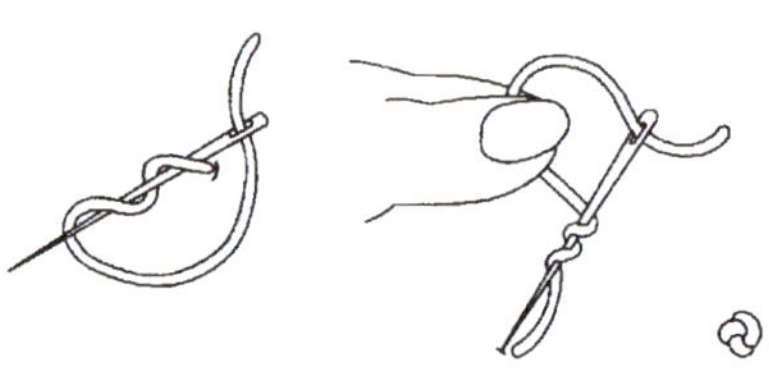

Symbolbeispiel:
Example for symbol:

Elisa

Mit einem Lächeln im Gesicht steht sie in ihrem Garten und pflanzt, bindet und dekoriert für eine schöne Winter- und Adventszeit.
Bezaubernd der alte Tisch, den sich Elisa im Garten zurechtgestellt hat. Es werden kleine Herzen und Kränze gebunden, Tannen gepflanzt und vieles mehr. Kalt und etwas windig scheint es zu sein. Aber das stört Elisa überhaupt nicht. Sie liebt, was sie tut, und ist so richtig zufrieden.

Stickpackung Elisa
Größe der Stickerei: 58 x 93 cm
Gespannte Größe: 80 x 140 cm
Best.-Nr.: 2674
Diese Stickpackung enthält 8-fädiges Leinen!
gestickt wird mit doppeltem Baumwollfaden.

Wintertag

Ein Park, frisch gefallener Schnee, eine glückliche Familie. Soeben wurde der Christbaum fürs Fest besorgt, und jetzt geht es gleich heim...

„Wintertag" Bild
Größe der Stickerei: 88 x 25 cm
Gespannte Größe: 100 x 40 cm
Stickpackung Best.-Nr. 2673

acufactum
ute menze

acufactum ist Exklusiv-Lieferant von Kelsch-Leinen-Stoffen in Deutschland. Edles Material und hochwertige Verarbeitung zeichnen diese auffallend schönen und strapazierfähigen Halb-Leinen- und Reinleinen-Stoffe aus. Diese Stoffe eignen sich hervorragend als Polster- und Bezugsstoff, für Gardinen und Bettbezüge und vielerlei Dekorationen. Zu bestellen über den Fachhandel oder direkt bei uns.

Best.-Nr. 329-102
150 cm breit

Best.-Nr. 329-103
150 cm breit

Best.-Nr. 329-104
150 cm breit

Best.-Nr. 329-107
150 cm breit

Umrechnungstabelle der verwendeten Garne.

HF-Dansk Blomstergarn	Oehlenschläger-Dansk Bomuldsgarn	V+H Deutsches Baumwollgarn	HF-Dansk Blomstergarn	Oehlenschläger-Dansk Bomuldsgarn	V+H Deutsches Baumwollgarn
6	910	3302	215	914	3512
10	819	2001	216	900	3612
16	507	2061	218	509	——
20	14	2091	222	913	1500
32	15	1400	238	816	3832
33	700	2033	240	16	3042
95	219	2059	250	903	——
97	301	1105	251	901	3152
100	817	3001	303	11	3303
147	804	3741	400	300	2400
206	812	3602	411	314	3114
210	800	3702	500	302	3005
213	902	3312			

• acufactum • Immer wieder anders!

Garten ABC Pink
Best.-Nr. 82221

Käferpost
Best.-Nr. 82223

Engelpost
Best.-Nr. 82224

Nikolaus
Best.-Nr. 82227

Nur Du
Best.-Nr. 82230

Leuchtturm
Best.-Nr. 82700

Garten ABC Blau
Best.-Nr. 82222

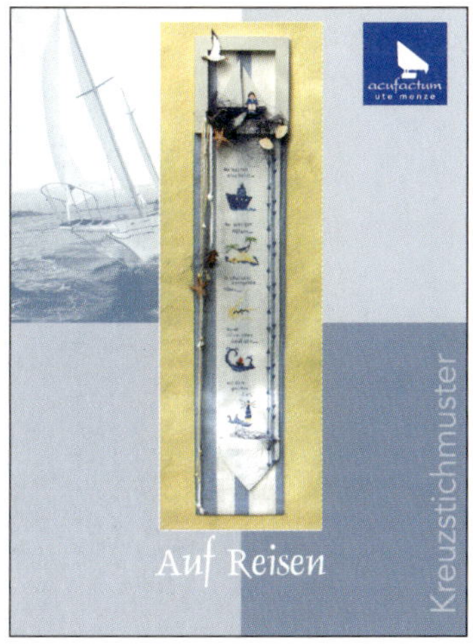

Auf Reisen
Best.-Nr. 82231

Bücher, Leaflets, Stickpackungen aus dem Hause acufactum!
Fragen Sie nach unserem Gesamtprogramm: Tel 0 23 04/53 49!

Lebensräume
Best.-Nr. 4068

Land-Art
Best.-Nr. 4070

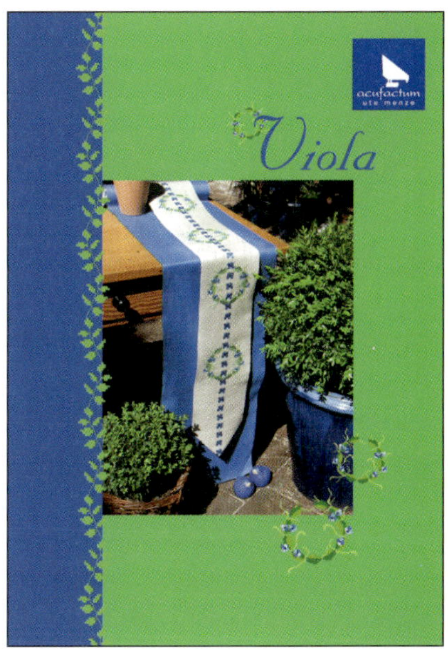

Leaflet Viola
Best.-Nr. 82869

Gartenromantik

Gartenromantik Bild,
Größe Stickerei:
36 x 30 cm
Best.-Nr. 2447,
Rahmen+Passepartout
Best.-Nr 968-2447

Gartenromantik Behang (rechts)
Größe Stickerei: 36 x 30 cm
Größe Behang: 100 x 40 cm
Best.-Nr. 2454, Dekoration
Best.-Nr. 12454

Gartenromantik
Gardine (links)
Größe Stickerei:
80 x 28 cm,
Größe Gardine
inkl. Schlaufen:
110 x 47 cm
Best.-Nr. 2448

Mini-Gartenromantik
Korb, Größe Stickerei:
9 x 9 cm
Best.-Nr. 2450
Rahmen-Best.-Nr.
906-2450

Gartenromantik
Kissen blau
Größe Kissen:
48 x 48 cm
Best.-Nr. 2457

Gartenromantik
Kissen grün
Größe Kissen:
48 x 48 cm
Best.-Nr. 2449

Mini-Gartenromantik Buchsbäum
Größe Stickerei: 15 x 22 cm
Best.-Nr. 2453
Rahmen-Best.-Nr. 906-2453

Mini-Gartenromantik Tisch,
Größe Stickerei: 9 x 14 cm
Best.-Nr. 2451
Rahmen-Best.-Nr. 906-2451

Mini-Gartenromantik Kranz,
Größe Stickerei: 12 x 8,5 cm
Best.-Nr. 2452
Rahmen-Best.-Nr. 906-2452